VENUS, FESTE GALANTE.

CHANTE'E DEVANT MONSEIGNEUR le 27. Janvier 1698.

A PARIS,
Par CHRISTOPHE BALLARD, ſeul Imprimeur du Roy pour la Muſique.

M. DC. XCVIII.

PROLOGUE.

SCENE PREMIERE.

APOLLON, sa Suite.

APOLLON.

LE Fils du plus grand Roy du Monde
Quitte l'éclat pompeux d'une brillante Cour,
Et vient de sa presence honorer ce séjour :
Qu'à mon empressement en ces lieux tout réponde.
Vous, qui suivez mes pas, par les Chants les plus doux
Marquez-luy vôtre zéle ;
Tâchez par les attraits d'une Fête nouvelle
De payer les Plaisirs qu'il a quittez pour vous.

CHOEUR.

Qu'au bon-heur de le voir nôtre cœur est sensible!
Animons nos Chansons,
Montrons, s'il est possible,
Le plaisir dont nous joüissons.

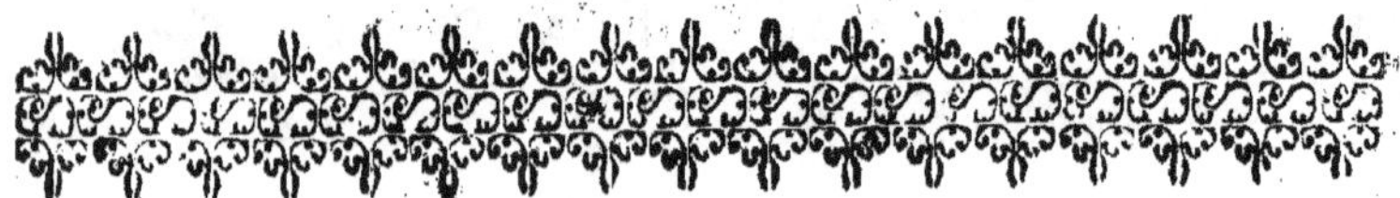

SCENE DEUXIE'ME.

PALLAS, APOLLON.

PALLAS.

JE viens prendre part à vos Jeux;
J'ay suivi ce Heros dans l'horreur de la Guerre,
Quand LOUIS *sensible à ses vœux*
A voulu dans ses mains remettre son Tonnerre.
Pour flatter ses nobles desirs
J'ay toûjours à ses pas attaché la Victoire;
Aprés avoir servi sa Gloire,
Je viens partager ses Plaisirs.

APOLLON.

Dans les Jeux qu'Apollon aprête,
Pouvez-vous trouver des appas?
Venus sera l'objet de cette illustre Fête,
Peut-elle plaire aux yeux de la fiere Pallas?

PALLAS.

Je me ſouviens encor de la cruelle offenſe
Que fit à mes appas un injuſte Berger,
Lorſque choiſi pour nous juger
A Venus il donna ſur moy la préference,
Je viens en goûter la vengeance.

Dans ces aimables lieux
Les Graces & les Ris préſentent à nos yeux
Une auguſte Princeſſe ;
Ses attraits vont ravir le prix de la Beauté
Qu'une trop ſuperbe Déeſſe
Avoit autrefois remporté.

Je vois avec plaiſir la gloire
Que luy prepare ce beau jour ;
J'aime mieux mille fois luy céder la victoire
Qu'à la mere d'Amour.

APOLLON.

L'Amour dans cet azile
Pour la voir aujourd'huy raſſemble tous les Dieux;
Un cœur en la voyant peut-il être tranquile ?
Heureux en ce moment qui n'auroit que des yeux !
De ſes appas on ne peut ſe deffendre,
Ils ont un ſouverain pouvoir,
L'amour eſt un tribut qu'elle a droit de prétendre
Pour payer le plaiſir que l'on goûte à les voir.

PALLAS.

On vient, c'est Venus qui s'avance,
Les Amours empressez la suivent dans ces lieux;
Laissons-la s'applaudir d'une vaine puissance
Que luy vont ravir d'autres yeux.

FIN DU PROLOGUE.

DIVERTISSEMENT.

SCENE PREMIERE.

Les Graces, les Amours & les Plaisirs se rassemblent pour chanter la Victoire de Venus, à qui Paris avoit donné la Pomme d'or.

UNE DES GRACES.

Venez, venez, trouppe charmante,
Plaisirs, aimables Jeux, venez dans ce sejour;
De la mere d'Amour
Chantez la Beauté triomphante,
Par de nouveaux Concerts célebrez ce grand jour.

CHOEUR.

Chantons, célebrons sa gloire,
Chantons ses attraits vainqueurs,
Ajoûtons à sa victoire
La conquête de nos cœurs.

UN PLAISIR.

Aimons, mille charmes
Suivront nos desirs,
L'Amour a pour armes
Les plus doux plaisirs.

Une crainte vaine
Nous fait fuïr ses nœuds;
Quand on craint sa chaîne
On craint d'être heureux.
Aimons, mille charmes
Suivront nos desirs,
L'Amour a pour armes
Les plus doux plaisirs.

Pourquoy se deffendre?
Il veut nous charmer;
A quoy sert d'attendre
Puisqu'il faut aimer.
Aimons, mille charmes
Suivront nos desirs,
L'Amour a pour armes
Les plus doux plaisirs.

Tous les Plaisirs se rassemblent autour de Venus & luy rendent leurs hommages.

Une Grace chante l'Air qui suit.

UNE

UNE DES GRACES.

Non ſi puó veder un volto
Vezzoſo
Amoroſo
E non l'adorar:
Veder due pupille
Che ſcaglian faville,
E non avampar.

Non ſi puó

Da Capo.

UN AMOUR.

Un jeune cœur ne peut trop tôt ſe rendre,
Suivez l'Amour & goûtez ſes attraits;
C'eſt un plaiſir de reſſentir ſes traits,
C'eſt un tourment de s'en deffendre.

Si la raiſon nous deffend de nous rendre,
N'écoûtons rien que nos tendres deſirs;
Elle nous doit inviter aux plaiſirs
Quand elle veut ſe faire entendre.

SCENE DEUXIE'ME.

MARS, VENUS.

MARS.

LA puissante Junon & la fiére Pallas
Vous cédent la Victoire ;
Je viens augmenter vôtre gloire,
Je n'ai pû resister à vos charmans appas.

VENUS.

L'Amour fait triompher mes charmes
De tout ce que le Ciel m'opposoit de plus beau.
Aujourd'hui je vous force à me rendre les armes,
Je chéris cent fois plus ce triomphe nouveau.

MARS.

Cédez à mon ardeur, cédez, belle Déesse,
Tous les autres appas cédent à vos beautez,
Et des cœurs que vous enchantez,
Il n'en est point qui puisse égaler ma tendresse.

VENUS.

Pour vous inspirer plus d'ardeur
Que n'ai-je encor quelque grace nouvelle!
Ah! je ne voudrois être belle
Que pour retenir vôtre cœur.

MARS.

Pouvez-vous avoir plus de charmes?
C'est de vous que l'Amour emprunte tous ses traits;
Vos yeux sont ses plus fortes armes,
Il doit tout son pouvoir à vos divins attraits.

VENUS.

On vous verra bien-tôt éteindre
Les feux dont vous êtes charmé.
Hélas! j'ai tout à craindre,
Vous connoissez que vous êtes aimé.

Les cœurs qui sont faits pour la gloire
Ne brûlent pas long-tems de mêmes feux,
Comme dans les Combats, dans l'Empire amoureux,
Ils aîment à voler de victoire en victoire.

MARS.

Non, rien n'éteindra mon ardeur.

VENUS.

Mon cœur brûle pour vous d'une amour éternelle.

Tous deux.

Ma gloire la plus belle
Est de regner dans vôtre cœur.

MARS.

Vous, qui suivez les traces
Du tendre Objet de mes desirs,
Unissez-vous avec les Graces,
Amours & celébrez sa gloire & mes plaisirs,

CHOEUR.

Chantons, célebrons sa gloire;
Chantons ses attraits vainqueurs,
Ajoûtons à sa victoire
La conquête de nos cœurs.

UN PLAISIR.

Heureux Amants, belle Déesse,
Que vôtre sort est doux!
Cherissez le trait qui vous blesse;
Que vos plaisirs vont faire de jaloux!
Soyez constans, aimez sans cesse,
Les Amans ne sçauroient ressentir trop d'ardeur,
C'est sur l'excés de leur tendresse
Qu'Amour doit mesurer l'excés de leur bonheur.

SCENE

SCENE DERNIERE.

JUPITER, Choeur de Peuples & de Divinitez.

JUPITER.

CEssez de vous flatter d'un frivole avantage,
Venus, ne pensez pas
Avoir seule en partage
Les plus charmans appas.
J'ay vû dans ce séjour briller une mortelle,
Tout céde à des attraits si doux;
Un Berger a jugé pour vous,
Tous les Dieux ont jugé pour elle.

Les plus grands cœurs suivent ses Loix.
Que vos plaintes icy ne troublent point la Fête
Que le Dieu des beaux Arts apprête
Pour le Fils du plus grand des Rois.

Chœur de la Suite d'Apollon.

Qu'au bonheur de le voir nôtre cœur est sensible!
Animons nos Chansons,
Montrons, s'il est possible,
Le plaisir dont nous joüissons.

FIN.

www.ingramcontent.com/pod-product-compliance
Lightning Source LLC
LaVergne TN
LVHW012026170826
845678LV00004BA/1653

* 9 7 8 2 3 2 9 6 1 9 2 3 1 *